Das Prinzip von

Q'uo

vom

3. Oktober 2015

Wie tragen wir unser Kreuz?

Das Gesetz des Einen-Verlag (Deutschland) /
Maison d'édition *La Loi Une* (Allemagne)
Jochen Blumenthal
12103 Berlin
www.dasgesetzdeseinen.de

ISBN: 978-1534709928

Inhalt

Einleitung

"Das Prinzip von Q'uo" ist eine Verbindung aus den Bündniswesen Hatonn (4. Dichte), Latwii (5. Dichte) und Ra (6. Dichte). Der Kontakt mit Q'uo hat in der zweiten Hälfte der 80er Jahre begonnen, dauert bis heute an und hat sich weitere intensiviert.

Laut eigenen Aussagen und dem Verständnis der L/L Research-Initiative (gegründet von Don Elkins) sind diese Wesen außerirdische Bevölkerungen, die mit uns Kontakt aufgenommen haben.

In dieser zweiten Botschaft nach einer vierjährigen Channeling-Pause geht es um die Herausforderungen, den „Katalyst“, wie die kosmischen Lehrerinnen und Lehrer des Bündnisses sie nennen, die uns im täglichen Leben begegnen.

Wer von uns hat nicht schon einmal „Das ist einfach too much!“ gedacht oder gesagt, angesichts sich auftürmender Probleme und oftmals persönlicher Enttäuschung. Wir wir damit umgehen können, und welches Potenzial in diesen Schwierigkeiten steckt, um immer weiter in uns selbst vorzudringen, um dort schließlich auf den Schöpfer zu treffen, der schon lange, sehr lange, schon immer auf uns wartet.

Bitte beachten Sie bei der Lektüre den folgenden Hinweis über den Inhalt dieser Übersetzung: Diese telepathische Channeling-Botschaft wurde Abschriften der wöchentlichen Studien- und Meditationstreffen der Rock Creek Research & Development Laboratories und L/L Research (Louisville, Kentucky, US) entnommen. Sie wird in der Hoffnung zur Verfügung gestellt, dass sie nützlich für Sie sein wird.
Wie die gechannelten Bündniswesen immer wieder betonen: Verwenden Sie bitte Ihr eigenes Unterscheidungs- und Urteilsvermögen bei der Einschätzung dieser Botschaften. Wenn etwas für Sie wahr klingt, gut. Falls etwas nicht "in Resonanz" mit Ihnen steht, lassen Sie es bitte beiseite, denn weder wir, noch jene des Bündnisses, möchten für unsere Leserinnen und Leser ein Hindernis auf ihrem spirituellen Weg sein.

Botschaft vom
3. Oktober 2015

Samstagsmeditation

01 **Gruppenfrage:** Q'uo, Viele von uns mühen sich ab mit Situationen, die manchmal als "zu viel, um sie auszuhalten" erscheinen. Wir haben [dann] die Wahrnehmung, dass wir entweder zu viel Katalyst erleben, oder zu intensiven Katalyst, oder beides. Wir empfinden oft, dass [das] Leben uns Bürden auferlegt, für die wir nicht die Mittel haben, um damit umzugehen. Wie tragen wir unser Kreuz, Q'uo? Wie bringen wir das offene Herz in die Herausforderungen hinein, die [das] Leben uns aufzuerlegen scheint, und [wie] laden [wir] höhere Energien ein, um unsere Erfahrung zu transformieren?

(empfangen von Jim)

02 **Q'uo:** Ich bin Q'uo. Und wir grüßen euch alle in der Liebe und im Licht des Einen Unendlichen Schöpfers, dem wir alle dienen mit all unserem Wesen, in Freude und immer. Wir sind sehr

erfreut, dass wir an diesem Nachmittag zu dieser Gruppe sprechen können, denn es ist unser großes Privileg und Vergnügen zu euch zu stoßen, während ihr jene Eigenschaften eures eigenen Wesens sucht, die auf eurer Reise der Suche dessen, was ihr die Wahrheit nennt, aktiviert werden können. Wir möchten euch, wie immer, bitten, uns einen Gefallen zu tun, und der ist, mit vorsichtiger Unterscheidungskraft den Worten und Ideen zuzuhören, die wir mit euch teilen, damit ihr nur jene annehmt, welche Bedeutung für euch haben, und alle hinter euch lasst, die das nicht tun, denn wir würden uns nicht wünschen, ein Hindernis auf eurer Reise des Suchens zu sein. Dies würde unser Teilen unserer Gedanken mit euch sehr unterstützen, denn dann würden wir nicht empfinden, dass wir in eure eigene Reise eingreifen könnten.

03 Ihr fragt heute, meine Freunde, wie es [möglich] ist, dass ihr die Lasten tragen könnt, welche ihr in der Lebenserfahrung tragt, die ihr zu diesem Zeitpunkt habt. Es gibt Zeiten in jedes' Suchenden Reise, wenn der Pfad sich in die Teile des dunklen Waldes hineinwindet, die verstörend und schwierig und dunkel und mysteriös erscheinen und viel zu viele der, sagen wir, Probleme der Welt anbietet. In jenen Zeiten ist es leicht, sich übermäßig darüber Sorgen zu

machen, wie ihr euch nicht nur durch solche Erfahrungen bewegen und von ihnen lernen sollt, sondern euch vielleicht sogar daran erinnern werdet, wie ihr sie überleben mögt, denn zeitweise ist die Reise des gewissenhaft Suchenden höchst schwierig. Und dies ist kein Zufall, meine Freunde.

04 Wir möchten euch nicht entmutigen, indem wir euch erzählen, dass ihr diese Wege gewählt habt, denn es gibt keine Fehler auf der Reise eines jeden Suchenden. Das, was ihr erfahrt, wurde vor eurer bewussten Annahme der Identität, die ihr als euer Selbst anseht, durch eure eigene Wahl dorthin platziert. Bevor die Inkarnation begann, habt ihr diese Pläne gemacht, um euch selbst diese Herausforderungen anzubieten, um zu lernen, wie man alles um sich herum liebt und annimmt, wenn es recht unannehmbar scheint, mit einigen Situationen überhaupt nur umgehen zu müssen.

05 Wir sind uns darüber bewusst, dass Viele empfinden, dass es ein Ende der Sorgen und Bürden geben sollte, und des täglichen Kummers, der nicht fortgeht. Und [dass] es eine Belohnung geben sollte, eine Zeit des Friedens und der Ruhe, und dessen, was ihr Freude nennen würdet. Und [dies] wird es geben, meine Freunde. Denn in allen Reisen der Suche existieren diese Qualitäten, vor allem für jene, die

in der Lage sind, ihre Herzen in Liebe und Mitgefühl für jene Zeiten zu öffnen, die höchst schwierig sind – diese Zeiten, in denen es als eine bessere Entscheidung erscheinen würde, die Schwierigkeiten zu ignorieren oder davonzulaufen.

[06]Wie geht man es also an, sein Herz zu öffnen, die göttliche Führung zu erlauben, die göttliche Gegenwart, den einen Schöpfer, ein Herz aus Liebe – was auch immer ihr es nennen möchtet – diese Qualität, die euch auf eurer Reise helfen kann, indem sie eure Sichtweise verändert, indem sie die Natur eurer Seiendheit verändert, indem sie euch befähigt, jene liebenden Energien durch euer Wesen zu kanalisieren, die alle Schwierigkeiten einkreisen und umwickeln und sie mit Liebe zerstören, indem auch sie zu Liebe gemacht werden. Wie ist es [möglich] eine solche Arbeit von, wie es scheinen würde, magischer Natur zu tun? Es ist nicht oft möglich, direkt zum Herzen zu gehen und es anzuweisen, sich zu öffnen und zu erwarten, dass es dies tut. Es ist jedoch möglich, sich dem Herz von einer anderen Richtung zu nähern – den, sagen wir, Chakren, die der Energie vorangehen, welche das Herz erreicht. Denn jeder von euch, meine Freundinnen und Freunde, empfängt diese intelligente Energie, oder Liebe, von dem einen Schöpfer auf einer täglichen Basis. Sie bewegt

sich durch eure unteren Chakren, beginnend mit der Ebene des roten Strahls – der Ebene, die sich um euer Überleben als körperliche Wesen auf diesem Planeten dreht. Und die sich auch in eurer sexuellen Natur ausdrückt, wo ihr in der Lage seid, eure Spezies zu reproduzieren, in der Lage seid, euer Wesen und das eures Partners zu erfrischen, und diesen Energien zu ermöglichen, sich noch weiter nach oben zu bewegen, sodass die intelligente Energie oder Liebe des einen Schöpfers beginnt, einen Weg oder Kanal durch euer System aus Chakren zu bilden.

07 Zu diesem Zeitpunkt werden wir diesen Kontakt an denjenigen, der als Steve bekannt ist, übertragen. Ich bin Q'uo.

(empfangen von Steve)

08 Ich bin Q'uo und ich bin mit diesem Instrument. Wir haben die Herausforderung erfolgreich passiert, welche uns erlaubt, durch dieses Instrument zu sprechen, und wir sind dankbar für die Gelegenheit, wieder bei denjenigen zu sitzen, deren Suche eine Inspiration für uns ist, denn sie gibt uns die Gelegenheit, auf die Weise zu dienen, zu der wir uns zu dienen gerufen fühlen.

09 Wir würden das Thema des Umgangs mit harschem Katalyst fortführen, indem wir als nächstes auf die Arbeit blicken, die im orangen

Strahl verrichtet wird, wo das Selbst einen Sinn dafür zu entwickeln beginnt, was es bedeutet, ein separates oder individuiertes[1] Selbst zu sein, und zu einer anfänglichen Zusammenstellung von Gleichgewichten hinsichtlich der Art und Weise kommt, wie das Selbst sich selbst zu den Anderen bezieht, die unmittelbar um es herum sind. Es ist hier essentiell, eine Fähigkeit zu entwickeln, jene Faktoren oder Elemente in seinen Lebensumständen zu unterscheiden, die zu einem gehören, und jene Elemente oder Faktoren, die zu Anderen gehören, mit denen man in unmittelbarem Kontakt ist.

10 Dies ist ein Prozess, meine Freundinnen und Freunde, den jeder hier durchlaufen hat und auf einer täglichen Basis weiterhin durchläuft. Und es ist ein Faktor, während dessen Vorgang ein Sinn der Einzigartigkeit des individuellen Selbst geschmiedet wird. Nun, während dieses Prozesses geschieht es häufig, dass man entdeckt, wie, scheinbar von einer Quelle außerhalb des Selbst, eine Reihe von Ereignissen kommt, welche beim Selbst, sagen wir, nicht gut sitzen. Und so liegt ein elementarer Teil des Vorgangs der Selbstentwicklung darin, eine Art Schale – eine, sagen wir, schützende Hülle – zu entwickeln, die es einem ermöglicht, Energien

[1] mit Persönlichkeit ausgestattet

und Ereignisse abzuwehren, die das Wesen bis zu dem Punkt zu überwältigen scheinen, an dem ein Gefühl von Ablehnung auftritt, das irgendwo tief im Inneren entspringt.

11Im Laufe der Zeit wird diese Energieschale weiter entwickelt und verfeinert. Sie dient dazu, diese Energie abzuwehren oder zu filtern, die im Angebot ist, scheinbar wieder von außen, die zu viel ist, um eingenommen und nützlich verarbeitet zu werden. Wir schätzen diesen Prozess nicht gering, meine Freundinnen und Freunde, denn er ist eine Erweiterung des Bedürfnisses nach Überleben, das nun als das Überleben eines Selbst, das sich im Prozess der Entwicklung befindet, gesehen wird.

12Die weitere Entwicklung, die stattzufinden beginnt, wenn das Selbst in größere Gruppierungen von Mitmenschen eingeführt wird, jene größeren Gruppierungen, die ihr kollektiv „Gesellschaft“ nennt, ist ein Vorgang, in dem die Energiehülle, die entwickelt wurde, und die zunehmend damit assoziiert wird, wer man ist, weiter herausgefordert wird, und weitere Verfeinerungen an dieser schützenden Panzerung werden, im Laufe der Zeit, vorgenommen.

13Wenn man dann das junge Erwachsenenalter erreicht hat, hat man eine Panzerung, die sehr individuiert, personalisiert und ausgedrückt ist, entsprechend der Ansprüche, die auf unzählige Weisen zu euch gesprochen haben, als seien sie für euer Überleben, euren effektiven Selbstausdruck und euer Gedeihen in einer komplexen, sozialen Umgebung notwendig. Dies ist alles zum Guten und recht notwendig als ein Teil im Lernprozess des Umgangs in einer komplexen Welt mit einer großen Vielzahl anderer Selbste, die alle eine nachhaltige Ebene des Seins zu erreichen versuchen – in Beziehung zueinander.

[14]Natürlich wird die Nachhaltigkeit der Gleichgewichte, die erreicht wird, ständig herausgefordert, da jeder immer und immer wieder in eine Position versetzt wird, in der man sich auf Ereignisse einstellen muss, die unerwartet und sehr oft unerwünscht sind. Die Umstellung bedeutet normalerweise nicht, das Ungewollte zu wollen, sondern zu lernen Anpassungen vorzunehmen, sodass das, was das Gleichgewicht des Selbst herausfordert, keinen Schaden an der Fähigkeit des Selbst, weiter voranzugehen, hervorruft. Tag ein und Tag aus geht man auf diese Weise mit Ereignissen um; einige von einer Art, die Zusicherung gibt und Hoffnung gibt und Liebe gibt und Leben gibt, und einige von der Art, die, für alle äußerliche Erfahrung, in einer recht gegensätzlichen Richtung arbeiten. Und so nimmt man das Gute

mit dem Schlimmen, und macht weiter wie man kann.

[15]Nun, im Laufe des eigenen Lebens wird es üblicherweise jenen, die sich durch eure Dichte abmühen, passieren, dass sie sich fragen, worum es hier geht. „Ist das wirklich alles, was [das] Leben zu bieten hat?" Und die Eröffnung dieser Frage ist die erste, sagen wir, Salve einer Verwirklichung, dass Leben eine tiefere Bedeutung hat als bloße Selbsterhaltung. Man empfindet, zum einen, dass etwas für einen [auf]gerufen wird. Dass man zu einer Zielstrebigkeit [auf]gerufen wird, die höher ist. Und man fühlt diese Zielstrebigkeit in der Verantwortung, die man für jene anderen Selbste übernimmt, die man entlang des Weges zu lieben gelernt hat.

[16]Zu lieben ist eine Tätigkeit, die einen Prozess der Öffnung des Herzens in Gang setzt. Das Herz ist eine Dimension des Seins, welche dazu neigt, genau durch die Panzerung ausgeschlossen zu werden, die als ein Mittel entwickelt wurde, um den Katalyst abzuwehren, von dem man empfindet, dass man ihn nicht verarbeiten kann, und zu lernen, wie man mit anderen Selbsten auf eine solche Weise umgeht, dass man für ihre Handlungen nicht angreifbar ist, die diese sehr fragile und kristalline Struktur, welche das unerfahrene Selbst ist, zerstören könnten.

[17]An dem Punkt, an dem man findet, dass es möglich zu sein beginnt, die Deckung fallen zu lassen und das zu akzeptieren, was, für die ganze Welt, inakzeptabel zu sein scheint, dort befindet sich der Punkt, an dem man die Öffnung des Herzens in Betracht ziehen mag. Es gibt einige Situationen, in denen das Herz recht stürmisch durch Ereignisse aufgerissen wird, die tatsächlich als dramatisch oder sogar traumatisch angesehen werden können. Und es gibt Situationen, in denen es eine eifrig suchende Person durch mühsame Arbeit in Meditation geschafft hat, das Herz weit aufzureißen, und dies kann zu Energie-Ungleichgewichten für das suchende Wesen führen, wenn keine angemessene Vorbereitung mit Hinblick auf eine stabile Struktur des Selbst stattgefunden hat.

[18]Dies soll nicht heißen, dass diese Erfahrungen, die als traumatisch angesehen werden können, oder die Erfahrungen, die als dramatisch angesehen werden können, notwendigerweise schädlich sind, denn es ist recht normal, ein Gefühl eines radikalen Ungleichgewichts im Herzen als Teil der Entwicklung, in der das Herz geöffnet wird, zu durchlaufen, sodass weitere Arbeit dort verrichtet werden kann.

[19]Die Arbeit des Herzens, meine Freundinnen und Freunde, ist oft keine hübsche Arbeit, denn man findet dort all die Ablagerungen von

Verletzung, all die Sorgen, die man getragen hat, all die Widerstände, die man über die Zeit aufgebaut hat, als ein Teil des Vorgangs der Entwicklung eines Gefühls dafür, wer ihr in diesem Leben seid. Man entdeckt, dass für jedes Stück Katalyst, das man herausgefiltert hat, durch das Aufrufen der Panzerungs-Funktion, es einen übriggebliebenen Rückstand gibt, den die Öffnung des Herzens nun offenbart als eine „Sache", die durchgearbeitet werden muss. Oh wie groß der Nachschub an Arbeit ist, die es zu tun gibt, meine Freunde. Wenn man zum ersten Mal auf ihre Ausdehnung blickt, kann man sehr, sehr überwältigt sein.

[20]Deshalb können die ersten und frühen Blicke in diese riesige Weite, welche die Öffnung des Herzens diesem Blick bietet, zu einem Gefühl von Hoffnungslosigkeit führen, einem Gefühl von Verzweiflung sogar, dass es so viel zu tun gibt und so wenige Mittel, um das Tun zu unternehmen. Wir bitten euch, verzweifelt nicht, denn Leben um Leben habt ihr auf diese Arbeiten geblickt. Die Tatsache, dass ihr euch nun sogar in der Lage befindet, die Weite zu sehen, die sich vor euch öffnet, ist schon ein Anzeichen dafür, dass ihr bereit seid, den Job zu unternehmen, sozusagen.

[21]Die Öffnung des Herzens ist eine sehr einfache Angelegenheit. Sie baut auf auf einer Handlung

des Annehmens zu einem jeweiligen Zeitpunkt. Die Handlung des Annehmens findet immer im Moment statt. Alles, was ihr in dem Moment tun könnt, ist, zu akzeptieren, was dieser Moment anzubieten hat. Alles, was ihr im Moment tun könnt, ist, den Moment zu grüßen. Und im Moment liegt Liebe. Und im Moment liegt die Antwort auf die Frage: „Wie kann ich möglicherweise weitermachen?" Sehr oft, meine Freunde, kann man in den allergrößten Extremen von scheinbar überwältigendem Katalyst die benötigten Ressourcen finden.

[22]Ein kleiner Akt der liebenden Annahme, das ist der Schlüssel. Ein Akt der Annahme öffnet eine kleine Tür – und diese Tür führt zu einer weiteren, die wiederum durch Annehmen geöffnet werden kann. Und auf diese Weise baut Akzeptanz auf Akzeptanz auf, und in kleinen Schritten werden dieser Kummer, den man aufgebaut hat, diese Schwierigkeiten, die man weggeschlossen hat, geheilt. Ein heilendes Herz ist ein Herz, das beginnt die Fähigkeit zu zeigen, hinauszureichen in die Welt – auf eine Weise, die auch diese Welt heilt.

[23]Wir sagen nicht, dass dies einfache Arbeit ist, meine Freunde. Im Gegenteil, es ist unzweifelhaft die schwierigste Arbeit, die ihr jemals tun werdet. Aber um genau diese Arbeit zu tun, seid ihr inkarniert.

[24]Und dieser Arbeit, meine Freunde, vertrauen wir euch in Liebe und Licht an, während wir dieses Instrument verlassen und den Kontakt an denjenigen, der als Jim bekannt ist, zurückgeben. Ich bin Q'uo.

(empfangen von Jim)

[25]Ich bin Q'uo und ich bin wieder mit diesem Instrument. Es ist ein großes Privileg gewesen, über diese Frage zu sprechen. Zu diesem Zeitpunkt würde wir fragen, ob es irgendwelche anderen Anfragen einer kürzeren Art geben könnte, zu denen wir sprechen können?

[26]**Gary:** Q'uo, in meinen eigenen Kontakten mit Menschen scheinen [die] Leute aus allen Bereichen über mehr Beschäftigung zu berichten, mehr Dinge in ihren Leben, die es zu jonglieren gilt, mehr Katalyst, in dem man sich behaupten muss. Denkst du, dass dies eine Auswirkung einer Gesellschaft ist, die komplexer wird und stärker miteinander verbunden, und deshalb immer mehr Reize und Auslöser in unsere täglichen Leben quetscht? Oder denkst du, dies eine Auswirkung des Endes von dritter Dichte ist, verbunden mit dem freiwilligen Wunsch von Suchenden, den zur Verfügung stehenden Katalyst zu maximieren, solange noch Zeit bleibt? Oder [ist es] etwas Anderes, das ich nicht bedacht haben mag?

[27]Ich bin Q'uo, und ich bin mir über deine Anfrage bewusst, mein Bruder. Wie du gesagt hast, ist die Kultur, in der ihr lebt zu diesem Zeitpunkt hoch komplex. Sie ist stark bevölkert mit jenen, die täglich arbeiten, um einen Lebensunterhalt, wie ihr es nennt, zu verdienen, um eine Familie zu unterstützen und um die Interessen jener Wesen einer unternehmerischen Art zu fördern, für die sie hart arbeiten.

[28]Jedem Suchenden von Wahrheit stehen viele Auslöser[2] zur Verfügung. Es gibt bei weitem zu Viele, die sich nicht darüber bewusst sind, dass diese tägliche Runde an Aktivitäten Gelegenheiten für Wachstum bietet. Die meisten Wesen auf eurer planetaren Sphäre sind ein Teil solcher Kulturen, denn die dritte-Dichte-Umgebung ist eine, die Vieles bietet, das für diejenigen ablenkend sein kann, die nicht unterscheiden. Wenn man die Sichtweise hätte, dass eine großartige Lektion in den Tätigkeiten jeden Tages liegen könnte, gäbe es deshalb dann die Gelegenheit, aus diesen Erfahrungen heraus zu wachsen, die dann dazu neigen würden, dem Suchenden in eine andere Richtung zu zeigen. Diese Richtung, anstatt sich in der Welt um

[2] Eine diesmal, aber nicht immer, passende Übersetzung von catalyst (auch Beschleuniger, auslösendes Moment; Katalysator)

einen zu konzentrieren, würde sich mehr auf die Welt in einem konzentrieren.

29 Diese Fokussierung nach innen bietet dann die Gelegenheit für Kontemplation, für Meditation und für Gebet, als Mittel, mit denen der Auslöser des Tages verarbeitet werden kann. Dieses Suchen im Inneren neigt auch dazu, jene Tätigkeiten, die von weniger Wert sind, sagen wir, wegfallen zu lassen, bis der Suchende anfängt, die Energien des Selbst auf weniger, [und] bedeutsamere Teile der Gelegenheiten zu konzentrieren, die jeden Tag in euren geschäftigen Erfahrungen angeboten werden.

30 Seine Gelegenheiten zu vereinfachen, sagen wir, die tägliche Runde an Aktivitäten zu vereinfachen, ist deshalb ein Teil der Reise von Suchenden, der dann dazu neigt, ein Gefühl von Frieden zu bringen, eine Richtung des Zwecks und Methode, um dieses innere Gefühl von Selbst zu erhalten. Man mag dann dieses innere Gefühl des Selbst anrufen, um mit den Auslösern, die für das Wachstum und Überleben des Individuums, der Familie und der Gemeinschaft essentiell sind, umzugehen.

31 Deshalb würden wir vorschlagen, dass jeder nach den Bereichen innerhalb der Lebenserfahrung schaut, die vereinfacht werden können, [so]dass die Konzentration des eigenen Geistes, Körpers und der Seele auf die

unbeschreiblichen und unendlichen Eigenschaften von Liebe, Weisheit und dem Teilen dieser Eigenschaften mit allen zentriert wird.

[32]Können wir deine Frage weiter beantworten, mein Bruder?

[33]**Gary:** Das war ausgezeichnet, danke dir. Du hast eine sehr gute Sichtweise auf die Reduzierung der scheinbaren Menge an Auslösern durch Vereinfachung angeboten.

[34]Hinsichtlich des Grunds für diese Menge, spielt das Ende von dritter Dichte irgendeine Rolle in der scheinbaren Menge von auslösenden Momenten?

[35]Ich bin Q'uo und ich bin mir über deine Anfrage bewusst, mein Bruder. In der Tat hat die Möglichkeit, das zu erreichen, was ihr Abschluss von Ernte in die Dichte von Liebe hinein genannt habt, für den größten Teil der Bevölkerung eures Planeten eine große Vielzahl an Arten von Geschäftigkeit in diesen Bereich von Erfahrung gebracht, die irgendeine Art von Aufmerksamkeit benötigen. Um das durchsortieren zu können, was zur Verfügung steht, musst man seinen Weg durch Vieles schlängeln, das, wie du gesagt hast, das Ergebnis des Endes des Seins-Zyklus in dieser Dichte ist. Der Suchende hat die Fähigkeit zu reagieren –

oder die Verantwortung, jene Bereiche zu entscheiden, in denen er suchen wird. Wir werden kurz pausieren.

(Seite 1 des Tonbands endet)

36 Ich bin Q'uo. Wir werden fortfahren. Denn, wie du richtig bemerkt hast, wird Vieles durch das Enden der Seiendheit der Dichte hervorgebracht. Es gibt auch Vieles, das von jedem Suchenden getan werden kann, um den zur Verfügung stehenden Katalyst für den gewünschten Abschluss zu verwenden.

37 Können wir auf irgendeine weitere Weise sprechen, mein Bruder?

38 **Gary:** Nein, nicht zu dieser Frage. Das war ausgezeichnet. Danke dir, Q'uo.

39 Wir danken dir, mein Bruder. Gibt es weitere Anfrage zu dieser Zeit?

40 **S:** Q'uo, es gibt einige Accessoires[3], die um den Hals herum getragen werden können, die entweder die Energie eines Lebewesens erhöhen können, oder irgendwie die Wirkung eines Auslösers abschwächen. Diese Geräte funktionieren vielleicht wie eine Form von spirituellem Paracetamol. Sind sie für irgendetwas nützlich oder kann [die]

---

[3] Im Original *devices*: Geräte

Langzeitverwendung die Fortschrittsrate eines Lebewesens verringern?

[41]Ich bin Q'uo, und wir glauben, dass wir deine Anfrage verstanden haben, mein Bruder. Wir sehen zwei Bereiche von Wichtigkeit in dieser Anfrage. Die erste ist die Möglichkeit der Erhöhung der Energien des Suchenden, wie er durch seine tägliche Runde an Aktivitäten geht, und mit den Auslösern der Illusion zum Wachstum des Selbst umgeht. Es gibt tatsächlich solche Accessoires, üblicherweise meist in der Form von Kristallen, welche das persönliche Energielevel erhöhen können. Dies zur Verfügung zu haben wäre für Suchende hilfreich.

[42]Wenn wir jedoch auf die zweite Möglichkeit schauen, der des Abschwächens des Auslösers, würde wir vorschlagen, dass dem Katalyst erlaubt wird, sich in seinem vollen Schwung und Richtung zu bewegen, um den größten Eindruck auf die Sinnlichkeiten des Suchenden zu erlangen. Denn für den Katalyst, welcher gedämpft, verringert oder abgeschwächt wurde, besteht die Notwendigkeit, über einen längeren Teil eurer Zeit bearbeitet zu werden. Für den Suchenden ergibt sich, dann, die Notwendigkeit, den Katalyst um ihn, und um ihn herum, wahrnehmen zu können, um in der Lage zu sein, ihn effektiver zu nutzen.

43 Gibt es eine weitere Anfrage, mein Bruder?

44 **S:** Nein, das war gut. Danke dir.

45 Ich bin Q'uo und wir danken dir, mein Bruder. Gibt es eine letzte Anfrage zu diesem Zeitpunkt?

46 **Gary:** Falls es keine Frage aus dem Kreis gibt? Ich habe eine von einem Suchenden aus der Ferne. D. schreibt:

47 „Die L/L Research-Gruppe hat einen unglaublichen Job mit dem neuesten Channeling gemacht. Ich habe mir einen Alarm auf meinem Telefon gestellt, um samstags zur gleichen Zeit zu meditieren wie ihr. Es ist schön, sich vorzustellen, dass ich, manchmal, aus der Ferne teilnehmen kann. In der letzten Channeling-Sitzung sagte Q'uo, dass die Energie der Gruppe wie ein Leuchtfeuer ist, das die Engel auf euer Suchen aufmerksam macht. Ich wäre dankbar zu wissen, wie Q'uo über „Suchende in der Ferne" bei euren Meditationen empfindet, und ob Q'uo eine Art von Einstimmung- oder anderer Praxis empfehlen könnte, die jemandem wie mir ermöglichen würde, euer Leuchten von weit entfernt zu verstärken?"

48 Ich bin Q'uo und ich bin mir über deine Anfrage bewusst, meine Schwester. In der Tat heißen wir alle jene, die sich von jeglichem Platz, jeglicher Entfernung und jeglicher Zeit her verbinden, herzlich willkommen, denn es ist

tatsächlich möglich, durch Hinzufügen seiner Energien zu diesem Kreis von Dienst zu sein. Die Vorbereitung des Selbst kann in jeglicher Art sein, die das Selbst bereits als wertvoll entdeckt hat, sei dies nun durch Gebet, Meditation, Kontemplation, dem Lesen von inspirierenden Informationen, Hören von inspirierender Musik oder jegliche andere Weise, die den Geist, die Gefühle und die Seele des Wesens darauf vorbereitet, das Höchste und Beste von sich selbst anzubieten, als einen Teil des Kreises der Suche. Dies ist die Empfehlung, die wir euch machen würden, meine Schwester.

[49]Wisst, dass wir uns über eine große Anzahl von Wesen wie dir bewusst sind, die sich mit diesem Kreis im Teilen der Lichtenergie verbinden, die erzeugt wird, wenn jene von gleichem Geist zusammen in diesem Platz der Meditation suchen. Wir schätzen die, sagen wir, gute Schwingung jedes Wesens, und den Wunsch, die persönliche Inspiration dem Kreis hinzuzufügen.

[50]Zu diesem Zeitpunkt möchten wir jedem Anwesenden danken, für das Anbieten der Energien, welche diesen Kreis des Suchens möglich gemacht haben, [und] dafür, dass ihr eure Liebe und euren Wunsch ineinanderfließen lasst, allen Anderen hier und allen Anderen auf der planetare Oberfläche von Dienst zu sein, sodass es viele, viele Leuchtfeuer gibt, die ihre

Energien zu dieser Zeit zusammenbringen und das Lichtnetz auf und innerhalb eurer planetaren Oberfläche wächst.

51 Es gibt viele Suchende, so wie ihr selbst, die allen Wesen, die ihre Herzen in Liebe auf eine bedingungslose Weise öffnen möchten, eine große Menge Liebe und Unterstützung anbieten, an alle um sie herum, an alle anderen Wesen, an alle Oberflächen des Planeten, sagen wir, zu den Dingen, zu den Bäumen, zu den Vögeln, zu den Blumen, zur Luft – da sie den Schöpfer in Allem sehen. Das ist der Weg von Wahrheitssuchenden. [Und] während man sich weiter und weiter entlang dieses Weges fortbewegt, entsteht die Fähigkeit, den Schöpfer immer voller und häufiger zu sehen, und die Liebe des Schöpfers in allen Dingen, allen Wesen, allen Zeiten und Plätzen zu erfahren. Das Ende eurer Umgebung der dritten Dichte bietet, tatsächlich, Gelegenheiten für diese Art von Erfahrung. Wir sind höchst dankbar und erfreut, Wesen wie euch zu sehen, die diese Gelegenheit aufgreifen.

52 Wir sind euch bekannt als diejenigen von Q'uo. Zu diesem Zeitpunkt werden wir unseren Abschied von diesem Instrument und dieser Gruppe nehmen. Wir lassen euch, wie immer, zurück in der Liebe und im unbeschreiblichen

Licht des Einen Unendlichen Schöpfers. Adonai, meine Freunde. Adonai.

Index

Weitere Informationen

Der *Das Gesetz des Einen*-Verlag (Deutschland) bringt zahlreiche Veröffentlichungen in Kooperation mit *L/L Research* (Louisville, Kentucky) heraus. Unter dem französischen Verlagsnamen Maison d'édition *La Loi Une* werden auch die französischen Übersetzungen von Micheline Deschreider betreut.

In der Werkreihe *Gesamtarchiv Bündniskontakt* werden nach und nach alle Botschaften von L/L Research und dem *Bündnis der Planeten im Dienst des Einen Unendlichen Schöpfers* auf Deutsch veröffentlicht.

Besonders der Ra-Kontakt steht in der inzwischen 60-jährigen Arbeit von L/L Research hervor, in dem Carla L. Rückert in einem tieferen Trance-Zustand die Antworten der Wesen von Ra auf die Fragen von Don Elkins telepathisch empfing.

Made in the USA
Monee, IL
21 October 2026

66035045R00021